AF259974

UN LIT DE JUSTICE

DE

SA MAJESTÉ GRIBOUILLE

PAR L. V.....

BUCHERON

> La souveraineté du peuple est la farce la plus gigantesque d'un siècle pourtant si fécond en géants de cette nature.
>
> (M. BRAILLOT.)

PARIS. — BLOUD ET BARRAL, LIBRAIRES

30, RUE CASSETTE, 30

—

BAR-LE-DUC. — TYPOGRAPHIE BERTRAND

36, RUE DE LA BANQUE, 36

—

1876

UN LIT DE JUSTICE

DE

SA MAJESTÉ GRIBOUILLE

Lb 57
5998

UN LIT DE JUSTICE

DE

SA MAJESTÉ GRIBOUILLE

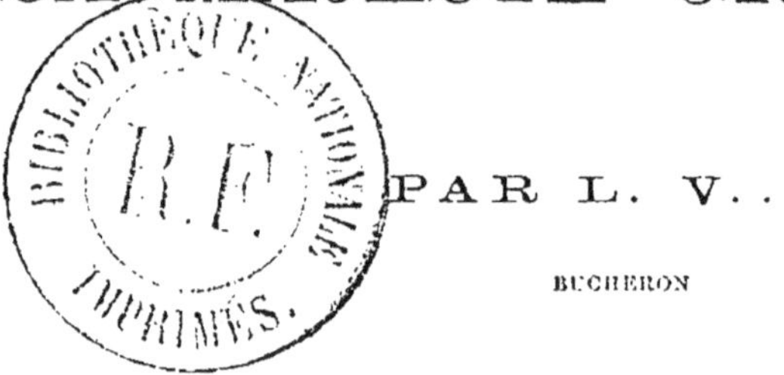

PAR L. V.....

BÛCHERON

> La souveraineté du peuple
> est la farce la plus gigantesque
> d'un siècle pourtant si fécond
> en géants de cette nature.
> (M. Braillot.)

PARIS. — BLOUD ET BARRAL, LIBRAIRES
30, RUE CASSETTE, 30

—

BAR-LE-DUC. — TYPOGRAPHIE BERTRAND
36, RUE DE LA BANQUE, 36

—

1876

UN LIT DE JUSTICE

DE

SA MAJESTÉ GRIBOUILLE

PROLOGUE

Excuse, Môssieu l'écrivain. Je puis pas me tenir de vous conter l'histoire que voici. Ma femme veut pas, elle me dit : Que veux-tu te mêler, tu écris comme une poule. Savez-vous que çà m'a donné sur le poil et que je lui ai répondu : Bécile, sais-tu pas qu'à présent l'homme est souverain !

Donc l'autre nuit, en revenant chez nous de fendre du bois, je me trouve tout d'un coup derrière un individu qui était saoûl comme une grive. Je crie : Qué là ? Rien. Comme y tenait tout le large du chemin avé sa danse de Saint-Guy, j'ai fait un contour pour passer et lui voir la figure. C'était Laurent Groutougne, bon ouvrier de ma commune.

C'est pas son habitude de se griser, voilà pourquoi j'étais curieux de savoir comment ; excuse, Môssieu l'écrivain. Lui me regarde avec des yeux bêtes et m'incendie sur un ton qui a pas de rapport : *Vi la républigué !* — Tu vois pas clair, Laurent, que je lui dis, tu sais pas ce que tu bredouilles. Et puis je l'ai pris par le bras et je l'ai mené chez nous. Il a bien eu de chance de me trouver par là ; il pouvait plus que dire tout le long : *publigué, publigué, gué... gué... gué...* Çà sortait avec une puanteur contiguë.

Quand nous avons été arrivés, je l'ai assis sur un banc. Il prend une galoche qui était sur la table et puis il tapait, *pan, pan,* en m'insultant : Ces s... propriétaires ! ils laissent mourir de soif le pauvre peuple. *Fi la républigué !* — Fi !... cette fois bien dit ! — Prépare-lui une bonne tasse de café, que je dis à ma femme, çà le dégourdira, et une autre pour ton mari. Çà lui a fait beaucoup de bien, le café ; çà lui a fait sortir un peu de fumée et entrer un peu de honte. Il sentit tout de suite le besoin de s'excuser. Je comprends bien. Bon garçon, pauvre Groutougne ! Je pouvais pas me fàcher contre un homme involontaire. — Voilà, qui me dit, j'ai été ce matin à la ville pour acheter de la maïs. Je rencontre un homme, il me fait : Ah ! t'es là, en me tapant sur l'épaule : vivent les bons ouvriers comme toi ; viens donc que je te paye à dîner.

Nous avons pas beaucoup bu. Mais je sais pas le vin que c'était, je sais pas non plus quand je suis parti. J'étais si pesant tout le long, que j'ai toujours cru que j'avais trop pris de la maïs, jusqu'à présent que je vois que j'ai oublié d'en prendre. — L'as-tu pas connu cet étranger ? — Il m'a donné son nom sur une feuille et puis un paquet. Il est bien un peu drôle. Il m'avait promis à dîner et m'a rien que donné à boire du vin qui grise tout de suite, et m'a fait payer une liqueur plus chère que son vin. Mais passe pour çà, il m'a promis tant de belles choses ! Ah ! tiens voilà la feuille. — Je la prends, et j'y lis : *Jean Promettout-Tienrien, candidat du peuple à l'Assemblée nationale.* — Eh ! qué que t'a dit cet homme ? — Il m'a dit : Voilà, dans quéques jours on vous appellera tous pour mettre un homme dans une boîte ; toi, tu mettras çà, et puis tu donneras celles du paquet à tous ceusse de la commune. Quand vous aurez tous fait, moi je vais tout de suite à Paris trouver Macaon, et je lui dis : Il faut plus que les ouvriers travaillent que par plaisir ; plus d'impôts, que çà les ruine, les pauvres vieux ; tous leurs enfants en pension gratis ; quand ils voudront pas travailler, ils iront manger à la mairie gratis ; plus de conscrits, que çà tue leurs garçons à la guerre. Tous égal, quoi. Et puis, qu'il m'a dit encore : A Versàle, Macaon a un grand champ de pommes de terre exprès pour le peuple. Quand y vous manqueront, vous m'en écrirez et je vous enverrai à tous de grosses pommes de terre de Versàle pour le peuple ; et puis d'autres belles choses que je m'en rappelle plus, puisque je me sentais déjà gâté. — Mais tout de bon, Groutougne, que je lui fais, crois-tu toutes ces balivernes ? — Je sais pas, qu'il me dit, mais on peut bien essayer pour voir, des fois : c'est bien beau, écoute, plus travailler que quand çà vous va, plus de tailles, l'école gratis, plus de conscrits, manger et boire à la mairie, gratis. — Bon, si c'était possible, Groutougne, mais quand on sait déjà que tout çà c'est pas possible, faut être fou pour zy essayer. Ces grivois promettent tout ici, et là-bas ils tiennent rien, pas même ce qui serait le plus possible ; ils ont déjà prouvé çà que trop. S'ils nous font payer la chartreuse pour se faire nommer, après ils nous payeront un pied de nez. Gros badeau, c'est pas des pommes de terre qu'il te faudrait, c'est du foin. Pardon, Laurent, mais vois-tu, la colère me monte jusqu'au bout des cheveux, quand je vois des hommes comme toi qui se laissent tourliner par ces blagueurs. Il te fallait lui répondre, vois-tu, à ce gredin de Promettout, qui n'a pas même tenu à sa promesse de te faire dîner, il te fallait lui dire : Mais puisque nous sommes tous égal, il faut plus de Macaon, plus de ministres, plus d'avocats, plus de notaires, plus qui aient de quoi payer les ouvriers, pourquoi c'est choquant, plus de députés. Plus rien de tout çà, ou bien tous Macaon, tous ministres, avocats, notaires, tous avoir de quoi payer et personne qui fasse rien, tous députés. Si tu lui avais simplement dit çà, t'aurais vu comme il aurait évacué, ton Promettout qui tient rien. Groutougne, il faut au moins évacuer nous deux, il se fait tard, ta femme te voyant pas venir sera en travail de chagrin ; j'y vas avec toi.

Et puis maintenant, que je lui dis, en route, bras dessus bras dessous : Pour les tailles, vois-tu, la France est une famille honnête, mais qui a des dettes, et qui veut les payer ses dettes. Pour les payer, c'est pas des cailloux, mais de l'argent qu'il faut. De l'argent, on peut pas le demander à la Prusse ni à d'autres, ils donneraient rien, mais au porte-monnaie de la famille. Or, la famille française, elle est pas dans la lune, c'est tous nous autres. Il faut donc nous autres, avec notre argent, payer les dettes de la France, chacun à l'équipolent de sa poche. Est-ce pas ce qui se fait ? — Oui, mais il faudrait tout faire payer à ceusse qui ont beaucoup de quoi. — Mais écoute, Groutougne, d'abord ceusse qui proposent cette réforme, tâchent de rien payer, eux. Le grand nombre, ils achètent pas des terres comme nous autres, pourquoi c'est taxé, mais ils prêtent leur argent, ce qui rend beaucoup plus. Serait-il bien d'imposer le revenu? C'est une grave question. Le revenu est le paradis de l'industrie et du travail. Hé bien, si on y imposait encore, ce serait plus le paradis et çà n'encouragerait plus le travail et l'industrie. En tout cas, c'est pas eux qui l'imposeront, parce qui s'attrapperaient les premiers.

Maintenant frapper tous seuls ceusse qui ont beaucoup de quoi, écoute, Groutougne, ça sûrement c'est pas juste. Je puis bien le dire, puisque je suis presque aussi pauvre que toi, c'est pas juste. Supposons, t'as un champ qui vaut 1000 fr., n'es-ce pas, on t'impose 5 fr. A ton voisin, son champ vaut 10,000 fr., on lui impose naturablement 5 fois 10 = 50. V'là qu'est juste. Un sou de plus c'est volé, un sou de plus, ça veut dire : toi t'as tort d'avoir fait des affaires et si on voulait, on aurait le droit de te prendre tout. Y a une égalité injuste qui serait ou de faire payer rien que cinq fr. à qui que ce soit, riche ou pauvre ; ou bien d'ajouter autant de fois cinq fr. *plus quéque chose* qu'on a de fois mille fr. Et puis y a l'égalité vraie et juste qu'est de payer autant de fois cinq qu'on a de fois mille fr., *ni plus ni moins.* Tout ce tapage qui font, c'est encore contre les bons ouvriers, Groutougne, comme pour dire : Faites pas des économies, autrement on vous imposera à tout casser. Nous pouvons rien qu'espérer qu'avé le temps les impôts diminueront, mais pour ça il faut pas nommer des individus qui ne savent pas autre chose que nous enlever notre raison pour se servir de notre main, qui nous saoûlent de piquette et qui pensent rien qu'à bien vivre et pas à faire des chiffres, puisqu'ils aiment si peu le travail qu'ils veulent aussi nous en débarrasser nous autres.

A ce propos, je te parle déjà pas de la promesse qu'ils nous font de vivre sans travail : il faudrait auparavant arriver à vivre sans manger. Ceux qui travaillent plus que par plaisir meurent de faim, v'là tout ; mourir de faim, c'est encore plus pénible que de travailler un peu par nécessité. Je te dis pas que Macaon soit pas capable de nous envoyer des pommes de terre de son champ de Versâle : c'est un bon enfant, dit-on, mais rien qu'aux malades. Il en faudrait un diable et demi de pommes de terre pour tous ceusse qui voudraient plus travailler. Et si les ouvriers de ce champ-là veulent plus travailler non plus, Macaon, qui a pas le temps de s'en mêler, aura point de pommes de terre, pas même à Versâle, et nous mourrons tous de faim, aussi Macaon. Et puis si on veut nous en faire envoyer, il faut pas nommer députés des compères comme Promettout. Ils iraient tous en maraude la nuit, ils n'en laisseraient pas une pomme de terre ; elles passeraient toutes par leurs marmites, surtout qui en a beaucoup pas ben sages, qui ont des bébés en pension et pas gratis : ils veulent pas gratis ceusse qui donnent à manger, ils disent qu'à eux on donne pas le pain gratis, et ceux du pain la même chose et ceux la farine aussi.

Quant à l'école gratis, c'est toujours la même rime. On trouve assez de maîtres qui ont pas beaucoup de tête, mais qui ont pas de ventre, point : tu comprends. Sais-tu ce que ça veut dire, l'école gratis ? Cela veut dire qu'au lieu de porter l'argent au maître, on en porte le double à un homme appelé percepteur. Je ne te dis plus qu'un mot sur la guerre. C'est un fléau qui arrive de temps à autre, comme la grêle, sans que les hommes s'en mêlent beaucoup. Sois sûr, Groutougne, que le candidat Ernest ne veut pas plus la guerre que Promettout : Ernest a beaucoup d'enfants qu'il chérit, tandis que Promettout n'en a point ; ce qui fait que la guerre est le cadet de ses soucis. C'est la république qu'a éveillé l'idée d'enlever au pape son terrain : c'est un vol comme si on l'avait fait à un de nous deux. Et puis il faut le nourrir nous autres, le pape, et lui envoyer chaque année des millions qui ont peine à suffire pour un prince qui doit atteindre partout, tandis qu'un étranger retient le terrain qui est à nous autant qu'au pape, puisque nous sommes de la famille. Parler ainsi, Groutougne, ne signifie pas qu'on veut la guerre ; seulement on regrette le malfait passé : c'est pas seulement à la France, c'est à tout le monde de réparer.

Et puis, voici le fond de ma pensée : J'aimerais mieux un chef qu'étant sûr du coup enfoncerait le bout de sa botte dans l'arrière-train du voleur, j'aimerais mieux ça, que de voir partir des Promettout pour Versâle. Le monde pourrait bien se fâcher et lancer des bataillons d'ulans et de cosaques.

Ecoute, Groutougne, votons pour qui tu voudras, même républicains, pourvu que ce soit pas pour des fous qui parlent de ce qui savent pas, de ce qui peuvent ni prévoir ni empêcher, qui font des sottises et ont pas plus de religion qu'un chien, qui cherchent rien qu'à nous gâter et nous font peur toutes les fois qu'ont pas besoin de nous. Quelqu'un qui se conduit bien, première et principale chose, qu'a pas besoin de tant brailler, et qui nous promet en deux mots de défendre tout ce qui peut possiblement et justement nous faire plaisir, c'est Ernest Sérieux. Brâve homme, intelligent, pas blagueur, votons tous pour lui. Adieu Groutougne. Pour que ta femme te gronde pas trop, dis-lui que c'est moi qui t'ai amusé et que t'as laissé ta maïs chez moi. Le lendemain, quand j'ai revu Groutougne, je lui ai dit : Et puis ? — On est pour Promettout rien que quand on est saoûl et qu'on fait pas ses affaires, qu'il m'a répondu par le tuyau de l'oreille, pourquoi sa femme était toujours par là. — Pas si bête qu'hier, Groutougne.

Cette drôle d'histoire se passait à peu près un mois avant la chose du 20. Malgré tant de sottises, ils ont presque tous mis Promettout dans la boîte et Ernest, le brave homme, ils l'ont déchiré, ce qui m'a rendu curieux de savoir comment cela avait pu se faire dans mon pays ! Vous savez, Môssieu, que je suis chieur de noyers ; c'est une carrière qu'on va loin, un peu partout ousqu'il y a des noyers à chier ; on voit, on questionne. J'aurai toujours la tristesse de les avoir pas tous f... à bas ces noyers, pourquoi ils ont une ombre qui enlève le bon sens, et que j'ai remarqué que là où il y a le plus de noyers, ils ont tous voté pour cette bête de Promettout. Que faire maintenant ? Je vous demande toujours excuse, Môssieu l'écrivain. Quand y aura des lignes que vous comprenez rien du tout, il faudra bien comprendre, les mettre en français et corriger mes fautes, pourquoi je suis un pauvre chieur de long.

LA BATTUE ÉLECTORALE

I.

Donc, au commencement, Promettout était plein de courage. Une dizaine de mille francs à gagner dans l'état de rien faire, c'est gentil : le reste l'inquiétait si peu que rien. Et puis il ne voyait encore que quelques paysans par ci par là, pas fiers, parce qu'ils ne se sentaient pas chez eux et qu'il les mettait dans l'impossibilité de lui répondre en les saoulant. Mais quinze jours avant le dimanche des élections, ses amis lui dirent : Voyons, Jean, il faut te remuer, aller dans toutes les communes, faire des discours, pas les mêmes partout, chauffer ta candidature, lancer des imprimés et le reste. — Hum ! Se remuer, faire des discours, et pas les mêmes, avec çà que je n'ai plus que quinze jours pour étudier ! Et pourtant si je me répète, celui qui va m'accompagner se moquera de moi. Et si ces paysans me font des questions, je resterai *à quia*. Les saouler tous, çà me revient trop cher, et de plus, dimanche, ils ne seront plus gris...

Toutes ces pensées travaillèrent l'imagination de Promettout et lui donnèrent la fringale. Il ne pensait déjà plus qu'à chauffer sa candidature, en la retirant, et il n'en venait pas à bout, tant ses forces baissaient. Mais les amis ne voulurent pas le lâcher, parce qu'en admettant que Promettout soit bien peu de chose, c'est encore ce qu'ils ont de mieux. Lui opposait toujours qu'il n'a pas la parole bien libre, parce qu'il lui manque des dents au cerveau. Alors on décida de lui donner pour compagnon quelqu'un qui parlerait à sa place, et le sort tomba sur Robinet, homme d'autant plus sûr de ne jamais rester court qu'il ne perd pas son temps à penser. Donc, sous le rapport de la langue, Robinet avait une qualité de plus que Promettout : Promettout ne sait ni parler ni penser, tandis que Robinet parle. Robinet passa un foulard autour des oreilles de Promettout, pour qu'on ne les vît pas, et lui dit : Voilà, toi tu ne feras que te montrer sans rien dire. — Promettout accepta avec d'autant plus de joie, que le silence, nous venons de le voir, est sa grande capacité. Robinet lui ajusta encore des lunettes vertes sur les yeux, lui plaça un grand livre sous le bras, et, tandis que le comité se déclarait en permanence, eux deux se mettaient en campagne.

La première commune qu'ils rencontrent, c'est Paxamare. Dans ce pays, on veut la paix coûte que coûte, on y est poltron et beaucoup de conscrits se coupent le pouce, à seule fin de ne pas partir. Quand même les Prussiens se jetteraient sans raison sur la commune, les Paxamarois crieraient avec ensemble : « Faut pas se battre, faut pas se battre ; laissez-les faire, ils ne nous mangeront pas ». En revanche, ils sont toujours en bataille entre voisins et surtout entre voisines. On n'entend que ces mots dans les rues : Charrrr..., cafard, grosse bête... et cela, du matin au soir.

Au jour et à l'heure indiqués, le plus grand nombre se rendit sur la place publique. Promettout arriva avec son conducteur. Il tenait déjà, depuis le dernier détour du chemin, les lunettes en position et le livre ouvert à la première page. Sans se préoccuper aucunement des regards de la multitude, il se retira solennel et absorbé à côté de Robinet qui, monté sur le mur du cimetière, expectora le discours suivant :

« Citoyens,

« Un souffle de paix caresse depuis cinq ans la chevelure de « l'humanité, du mont Ararat aux pieds de vos Alpes grandioses, « des bords du Connecticut à ceux de l'Isère, de l'Océan déjà « Pacifique au lac de Saint-Marcel ; un cri immense a retenti « d'universel embrassement. Voulez-vous, citoyens, que ce cri « immense, au lieu de se perdre dans l'abîme, serve de base à « un contrat international vous assurant que jamais plus le « sang si précieux de vos fils et de vos frères ne coulera sur un « champ de bataille ? Voulez-vous la fin de ces horribles héca- « tombes auxquelles trop longtemps vous avez servi de vic- « times, et dont le souvenir odieux souille tant de pages de « notre histoire ?

« Voulez-vous qu'à tout jamais, entre continent et continent,
« entre peuples et peuples, familles et familles, individus et
« individus, et, ce qui est le comble du prodige, entre femmes
« et femmes, il n'y ait plus la moindre rupture, la moindre
« rixe, la moindre difficulté, mais qu'au contraire les conti-
« nents, les peuples, les familles, les individus, les femmes
« soient confondus dans une unité aussi forte que merveilleuse ?

« Voulez-vous enfin l'intronisation de cette harmonie admi-
« rable, rêvée depuis l'enfance du monde et qui, s'imposant au
« ciel lui-même, le conviera à ne plus faire entendre sur nos
« têtes tremblantes le choc guerrier de ses orages ? (Toutes les
« voix : Oui, oui, nous le voulons ! Oh ! comme c'est beau, oh !
« comme c'est beau !)

« Citoyens, nous ne savions pas si vous étiez pour la paix ou
« pour la guerre. Nous ne venions pas non plus mendier vos
« suffrages, non, mille fois non. Respect au peuple souverain.
« Mais si vous voulez la paix, votez tous pour l'honorable
« candidat que voici. Il s'est livré à des études dont il est
« bon, pour le bonheur du monde, que les fruits s'épanouis-
« sent. Voter pour lui, c'est voter pour la République, *une et
« indivisible* comme les continents, les peuples, les familles et
« les individus dont je viens de parler.

« Voyez, depuis cinq ans, combien la France est pacifique
« dans ses allures. (Une faible voix : Elle a bien quelques
« raisons). C'est que la France est rentrée dans la phase républi-
« caine ; il s'agit de l'y fixer, afin qu'il ne soit plus même ques-
« tion désormais de luttes désastreuses entre races sœurs, de
« disputes dans les villages et les familles, de ces maladies mul-
« tiples qui ne sont autre chose que la guerre dans l'homme,
« ni des tempêtes, ni de la gelée, ni de la sécheresse, ni de la
« grêle.

« Chers citoyens, nous voulons vos intérêts. (Oui, oui, oh !
« comme c'est beau, oh ! comme c'est beau.)

« Quoi que vous fassiez, Promettout, le savant que voilà,
« (Promettout ne bouge pas), est sûr des suffrages du pays. En
« lui refusant les vôtres, vous ne l'empêcheriez pas d'être
« nommé et vous ne feriez que perdre vos droits à cette large
« bienveillance dont, une fois dans les hauteurs, il entourera

« tous ses commettants. Non, vous n'êtes pas capables d'une
« telle folie (tous : non, non), mais plutôt tous vous allez me
« donner votre adresse, afin que le candidat, devenu député,
« connaisse ses amis et les protége contre la guerre, les disputes
« et la grêle. Avez-vous foi à la sincère exécution de son man-
« dat, et cette exécution, elle sera sincère, je le jure sur ma
« tête ? Alors, citoyens, en avant ».

A ces mots, la foule se précipite, les femmes même veulent
donner leurs noms. Robinet les remercie et les écarte avec une
grâce impitoyable puisée sans doute dans les parchemins de
l'ancien régime. Il se contentera de la signature des hommes
auxquels il montre le livre que Promettout tient dans ses mains
et que celui-ci laisse glisser dans celles de Robinet, tout en con-
servant un front plein de lumière, qui rappelle le Mont-Blanc
à l'heure où le soleil, de retour dans son lit, lui envoie ses der-
niers feux.

C'est avec un enthousiasme indescriptible que le peuple lit
ces mots en gros caractères à la tête de la page :

**Etude approfondie sur les moyens d'introduire
et d'apprivoiser la paix dans le ciel et sur la terre.**

Ce beau titre suffit au peuple qui ne commit pas la grossièreté
de mettre le nez dans le reste de la page. Robinet, ivre de son
triomphe, entra dans un cabinet voisin et, profitant de la table
un peu basse qui s'y trouvait, il se hâta de télégraphier au comité permanent la dépêche suivante :

« Paxamare, le 10 février.

« AU COMITÉ PERMANENT DE BRICABRAC.

« Et d'une. Signé : ROBINET.
« *P. S.* Pleine confiance, les paysans se livrent ».

Puis il sortit, de tendres adieux furent échangés, des larmes
coulèrent, et les deux personnages se remirent en route.

Au premier détour du chemin, le conducteur dit à Promettout : « Ne tiens plus tes lunettes sur le front, comme tu l'as
« fait à Paxamare, on supposerait que c'est par là que tu ne
« vois rien : mets-les sur les yeux, ce genre de cécité est plus
« pardonnable ». Promettout s'exécuta.

II.

La brillante proclamation de Paxamare fut promptement
communiquée à d'autres communes moins importantes qu'on
savait être animées des mêmes sentiments. Des nuées de commis à deux sous pièces, vrais hiboux des tristes temps, se
ruent sur la vallée, tapissent les murs d'affiches, traînant un peu
partout la liste imposante des signatures de Paxamare, qu'ils
font suivre d'autres signatures adroitement extorquées.

Promettout et son conducteur se dirigèrent, le lendemain,
vers une autre région. A neuf heures, ils arrivèrent à Bellophyle. Cette intéressante commune fait rêver à Sparte.
Elle a fourni récemment à la patrie un grand nombre de
défenseurs qui ont été autant de héros. Dans tous les faits
d'armes de la malheureuse campagne de 1870, l'on a admiré
les nobles conscrits de Bellophyle. La défaite a allumé dans
leurs cœurs une soif de vengeance que le temps ne fait
qu'augmenter et que leurs pères et mères partagent avec
eux convaincus par l'exemple de cette grande lutte, dont tous
leurs enfants sont sortis intacts, qu'il y a une Providence
pour les bons soldats plus rassurante que n'est la fuite pour les
poltrons.

Les deux étrangers furent reçus par le maire, prévenu dès la
veille, et par une pluie battante qui n'avait point voulu attendre
d'invitation. Par surcroît de malheur, c'était jour de foire
à Bellophyle, et le vaste hangar qui devait servir de para-
pluie immédiat aux membres de la réunion, était déjà
occupé par une longue file de bêtes à cornes qui ne voulurent
point céder leur place. Il fallut l'intervention du maire qui,
plein d'un juste courroux, rédigea à la hâte l'arrêté suivant :

« Le maire soussigné prévient ses habitants et ceux du dehors
« qu’ils ont, pas plus tard qu’à l’heure de ce moment, à enlever
« les bêtes sises sous le hangar public, à la fin de laisser la
« place à d’autres.

« *Le maire de Bellophyle,*
« Barberousse ».

Après de sourds murmures, la foule obéit et le hangar devint
libre. Profitant des loisirs que lui procurait l’incident, Promettout, revenu à ses instincts, mâchait un long brin de paille trouvé
par là. Robinet s’en aperçoit, il vole à l’oreille de l’imprudent
candidat et lui dit : « Pose-moi donc cette paille, on te
« reconnaîtrait ». L’ironie rencontra la partie saine du
cerveau de Promettout, qui comprit. Mais il possédait un
calmant précieux, un antidote infaillible contre les mor-
sures venimeuses de son cornac : c’était la pensée des dix
à douze mille francs qui l’attendaient. L’espoir de l’indemnité en faisait un chevalier de clémence. Nous avons
déjà pu juger du milieu martial dans lequel Robinet,
sorti tout frais de Paxamare, avait à se produire. Il fallait
cette fois jouer l’homme de guerre. Aussi bien le masque
n’embarrassait pas Robinet ; il y était habitué et sentait le
besoin de se contrefaire toutes les fois qu’il voulait paraître
convenable.

Voici donc sa vigoureuse harangue de Bellophyle :

« Citoyens,
« Sans doute, il ne s’est pas encore perdu dans vos mâles
« poitrines l’écho des luttes gigantesques que, depuis un siècle,
« notre grand pays a soutenues sur toutes les plages, pour la
« cause de sa gloire et de l’universelle civilisation. La France
« venait de se proclamer en république, et aussitôt voilà l’Europe
« entière qui se lève, s’unit, s’arme et s’avance contre le lion
« naissant. La patrie envahie n’avait à opposer à ces hordes
« sans nombre que quelques milliers de soldats sortis nus
« et affamés des froides casernes de l’ancien régime. Mais
« un mot nouveau, un mot magique, leur servit à la fois de
« vêtements, de pain, de nombre et de discipline : c’est le mot

« de république. Vous vous souvenez encore de Valmy et de
« Jemmapes, de Fleurus et de Lodi. A maintes reprises et
« avec une rapidité vertigineuse, notre drapeau, porté par la
« victoire, vola des Alpes aux Pyrénées et du beau ciel d'Italie
« aux sombres brumes du Rhin. Si notre étoile a pâli, ce n'est
« que le jour où le Corse, mûrissant d'ambitieux projets, envoya
« pourrir sous le climat meurtrier de Saint-Domingue les pha-
« langes républicaines, pour ceindre à l'aise son front du sym-
« bole maudit des despotes : Moscou et deux invasions son-
« nèrent le glas funèbre de la République.

« Braves citoyens, je ne veux pas rouvrir des plaies encore
« saignantes, en vous rappelant une longue suite de félonies
« monarchiques suivies d'une catastrophe sans précédent. Il est
« temps, n'est-ce pas, de nous relever et de renouer la chaîne
« de nos triomphes ! (Robinet paraît ému, le peuple crie :
« oui, oui).

« Citoyens, la république est de sa nature guerroyante et
« toujours victorieuse. Sous ce régime, il suffit de quelques
« braves, armés de la *Marseillaise*, pour repousser des millions
« de baïonnettes. Il n'est plus besoin ni de budget de l'armée,
« ni de conscription, ni de décorations partiales : le souffle de
« la liberté rassemble des légions volontaires, les anime et les
« fait vaincre. Avec la république, le combat n'est qu'une for-
« malité peu coûteuse. Or, vous n'ignorez pas que la France est
« appelée aujourd'hui à ressusciter pour jamais ce régime sûr,
« économique et glorieux, qui doit nous rendre notre prestige et
« nos frontières sans le sacrifice d'un seul homme.

« Voici le noble représentant de ce noble régime (Promettout
« ne bouge pas). Il aura toute votre confiance et vous verrez à
« l'œuvre ce savant qui s'est tu jusqu'ici, mais qui bientôt va se
« faire entendre, semblable à une montagne colossale du sein
« de laquelle les eaux silencieusement ramassées débordent
« enfin et font trembler le monde. Les flots de ce génie trop
« longtemps muet seront pour la France un Nil fécond, et
« pour le reste de la terre, un torrent irrésistible et dévas-
« tateur.

« Citoyens, nous ne voulons que vos intérêts les plus chers.
« Quoi que vous fassiez de vos libres votes, M. Promettout est

« sûr des suffrages du pays, car le génie s'impose. Pourquoi un
« refus qui bientôt ne ferait que vous placer en dehors de sa
« haute protection ? Vite vos noms, citoyens, si vous voulez le
« relèvement militaire de la France, et Promettout, élevé sur le
« piédestal à la construction duquel vous aurez concouru, dira
« à notre fière patrie, en relisant ces noms glorieux : « Voilà
« les vaillants lutteurs de Béthoncourt et de Gravelotte,
« que tous soient nommés généraux et conduisent nos troupes
« à la victoire ».

(Cris répétés de : *Vive la république, vive le grand Promettout*,
et c'est un vrai débordement de signatures.) Robinet profita
de l'élan pour montrer aux électeurs le livre mystérieux
que tenait Promettout. Il y était écrit au sommet de la
deuxième page :

**Etude approfondie sur les moyens d'introduire
et d'apprivoiser sans frais la victoire en France.**

A cette vue, les applaudissements redoublèrent, et Robinet
télégraphia au comité permanent cette deuxième dépêche :

« Bellophyle, le 11 février.

« AU COMITÉ PERMANENT DE BRICABRAC.

« Et de deux. Signé : ROBINET.
« *P. S.* Il y a de quoi rire ».

Le maire, perdu jusqu'au menton dans une sangle de deux
mètres et suivi des principaux, reconduisit ses hôtes à la
frontière, en leur promettant avec fierté un concours énergique.

III.

Quand ils furent seuls, Robinet fit à Promettout cette nouvelle remontrance : « Ne faut-il pas que tu te sois oublié

« jusqu'à tenir ton livre sens dessus dessous ! Malheureux ! si
« on s'en était aperçu, on aurait vu que tu ne sais pas lire ».
Promettout avala en silence l'amère pilule, en la trempant,
comme les précédentes, dans la douce pensée des douze mille
francs.

C'est une rare maladie que la fièvre guerrière. Nulle part, en
dehors de Bellophyle, on ne la trouve à un degré capable de
servir de foyer à l'ébullition d'une candidature. Aussi le coup
de tonnerre fut prudemment consigné entre les limites de cette
localité exceptionnelle.

Le soir, Robinet, épuisé par les efforts que lui avait coûtés le
langage de l'intrépidité, fut pris d'une crise nerveuse. Elle se
dissipa avec les ombres de la nuit et, vers les sept heures du
matin, un léger véhicule emportait sur la route neuve de
Péperce, Robinet et Promettout. Comme le fouet avait
été oublié, Robinet souffla dans les deux oreilles de la
bête, pour lui communiquer quelque chose du vertige démo-
cratique. La jument, ranimée par ce souffle ami, prit le vol et
donna au véhicule une tournure de locomotive. Le soleil dressait
derrière le grand mont ses verges lumineuses. — *Vive la république !* s'écria Robinet hors de lui-même. — Mais c'est le soleil,
insinua Promettout. — « La république et le soleil, cela ne fait
« qu'un, reprit Robinet sur un ton sibyllin, ou, si tu préfères,
« ce sont deux soleils, ajouta-t-il bientôt, ayant observé
« que dans son délire il avait poussé l'identité jusqu'à l'absurde.
« L'un éclaire les corps, et l'autre, les âmes ; l'un fait pousser
« les plantes, et l'autre, la vertu. Tous les deux, soit dit entre
« nous, existent en vertu non pas de nos suffrages, mais d'une
« loi supérieure, et ce que nous allons faire dans les communes
« n'est qu'une comédie. Par malheur, tous les deux aussi ont
« un déclin périodique. Le soleil fait place à la lune ; et la ré-
« publique, place à la monarchie ! pauvre lune, dont le pâle
« reflet est bien de nature à favoriser le vol des droits popu-
« laires, l'assassinat et tous les guets-apens ».

Enfin l'on arrive à Péperce. Cette commune est en proie,
comme tant d'autres, au mal de l'émigration. Si quelqu'un
allait à Belleville demander aux ouvriers qui s'y agitent le nom
du pays de chacun d'eux, cent voix lui répondraient : Péperce.

Dans Paris, ils rencontrèrent la Commune, la Commune les fit
passer à la révolte, et la révolte les versa dans le châtiment :
dix malheureux Pépercins gémissent encore sur les pontons. Il
fallait donc faire sonner bien haut à Péperce le mot d'amnistie.
Robinet avait cru d'abord que les dix proscrits étaient de
pauvres dupes et qu'il n'aurait pas à trop manifester son
cynisme en faveur du crime. Mais il apprit à point que les
dupes étaient amnistiées déjà et qu'il ne restait en exil que les
coupables de délit commun. Assumer la honte de caresser la
rébellion du 18 mars, ou bien perdre les votes de Péperce : tel
était le dilemme. Le moindre honnête homme se fût trouvé pris
entre deux feux ; du premier coup Robinet se décida pour les
votes, et, avec une éloquence pleine de naturel, il relégua l'idée
de révolte dans le paquet des préjugés qu'on doit jeter au feu.
Voici une partie de son long plaidoyer :

« Citoyens,
« Nous vous apportons un programme de pardon et, serait-
« ce un programme de sévérité, que nous ne pourrions
« le maintenir en face des larmes que nous voyons couler sur
« les tendres joues des épouses et des mères ! Il y a cinq ans,
« irrités des hésitations d'une Chambre hétérogène, de nobles
« enfants levèrent l'étendard de la république indiscutable.
« Ceux que vous pleurez, pauvres mères, furent de ceux-là. Le
« succès a trahi leur valeur et un vainqueur sans pitié les livra
« comme de vils assassins aux bras de la justice. Eh bien ! je
« ne vois dans leur cause, moi, qu'une grande cause, puisque
« c'est celle de la république, et en eux je ne vois que d'illustres
« prisonniers de guerre. Vit-on jamais un peuple jeter dans les
« chaînes des prisonniers de guerre ? Oui, mais au temps de la
« pire barbarie. O XIXᵉ siècle, voile ton visage ! Chers citoyens,
« et vous, mères désolées (ici Robinet essuie un pleur), vos
« enfants sont des martyrs de la république, pour elle ils ont
« lutté, pour elle ils souffrent, c'est elle qui se fera honneur de
« briser leurs fers, pour les ramener dans vos bras sur un char
« de triomphe : le prix d'une absence longue, injuste et stérile
« ne sera pas oublié, et le même char ramènera avec les
« proscrits leur fortune, ainsi qu'une rente viagère pour vos

« vieux ans. Le voulez-vous ? (L'auditoire ne répond que par
« des sanglots.)

« Vous voilà vous-mêmes appelés, citoyens, à opérer l'éta-
« blissement pacifique de cette république indiscutable dont
« l'essai belliqueux, hasardé par vos enfants, leur a valu l'exil.
« Je le jure sur ma tête ! Voulez-vous revoir dans deux mois ces
« chers enfants ? Alors offrez votre part d'appui à cette répu-
« blique qui doit plus que la liberté à de nobles défenseurs et
« les comblera de ses dons, avant de les rendre à votre amour.
« Voter la république enfin, c'est logiquement voter l'amnistie
« des martyrs de la république, et le noble candidat de la répu-
« blique, le voici... » (Cette fois Promettout lève sur ses futurs
électeurs des yeux pleins de tendresse et de larmes, et puis les
essuie avec une gracieuse lenteur.)

Robinet allait dérouler de nouveau sa banale formule du
« génie qui s'impose et des suffrages surabondants ». Mais le
mouchoir blanc de Promettout imbibé de pleurs avait
triomphé de toutes les âmes ; le rêve de l'indemnité venait
encore de caresser son imagination, et c'est de joie qu'il
pleurait. Le peuple, lui, attribua cette émotion au patrio-
tisme du candidat, et lorsque Robinet déplia son portefeuille, se disposant à ajouter quelques chaudes paroles,
un regard envoyé à la multitude lui fit comprendre qu'on
demandait les noms. Ce signe fut accueilli par un assaut
général. L'élan fut tel que Robinet dut se résigner à agréer
cette fois les noms inutiles et sans fin des femmes elles-mêmes.
Tous les vocables de maison, de baptême, les sobriquets, les
noms des proscrits et des dupes s'étalèrent avec ampleur non-
seulement sur le reste du portefeuille, mais sur tous les bouts
de papier que Robinet put trouver dans ses poches. Pour ne
point se trahir, il dut subir cette opération assommante qui
dura quatre heures. Avec toute la bonne grâce qu'il lui était
possible de feindre, Robinet étendit devant les signataires le
livre ouvert de Promettout. Tout à coup un danger terrible
auquel il n'a pas songé lui donne le frisson : « Peut-être que
« les femmes, si curieuses de leur nature, vont lire le reste de la
« page qui n'a aucun rapport a ·   e, et même tourner le

« feuillet, pour y découvrir, ô scandale! un programme
« tout opposé ! » Dérober le livre, c'était plutôt inspirer des
soupçons. Robinet se fia pour ce détail de lutte à l'insouciance
du peuple, sur laquelle reposait d'ailleurs tout son plan de
campagne. La confiance de Robinet fut bien justifiée. Tous les
yeux restèrent rivés à cette emphatique proposition qu'ils im-
prégnèrent de leur fluide au point de la rendre illisible :

L'amnistie n'est pas seulement une belle chose ;
c'est un grand devoir de justice ; son heure est proche.

La légèreté du public, aidée d'une émotion aveugle, l'emporta
sur sa curiosité et sauva une fois de plus Robinet, qui fit par-
venir au comité permanent cette troisième dépêche :

« Péperce, le 12 février.

« COMITÉ PERMANENT DE BRICABRAC.

« Et de trois. Signé : ROBINET.
« *P. S.* Quelle farce ! »

V.

La jument, toute fière d'un triomphe qui lui semblait propre,
emporta vers le bourg voisin les deux demi-dieux. — « Si l'on
« y va partout de ce pas, dit Robinet à Promettout, tu auras la
« moitié plus de suffrages que n'en reconnaissent les listes
« électorales. Cette bête de peuple voudrait tout inscrire
« jusqu'à ses bœufs, ses chats, et ses poules. Au fond, ajouta
« Robinet en riant, le vote serait aussi sérieux. Etre envoyé à
« Versailles par le peuple ou bien par des poules, c'est insigni-
« fiant, pourvu qu'on y aille, pour toucher ça... »
En accentuant ce dernier mot, Robinet frottait ensemble le
pouce et l'index devant le nez de Promettout qui se mit à
rougir. Quand il se représentait lui-même l'indemnité, c'était
bien une dame gracieuse ; mais quand un autre la lui repré-

sentait , elle devenait pour son amour-propre un spectre rebutant. — « A propos, reprit Robinet, tes larmes ont eu à « Péperce un succès fou, je ne t'en croyais pas capable : tu es « un vieux faune, quand tu t'y mets. — Oh ! répliqua Pro- « mettout honteux d'être pris pour un jouet de théâtre, ce ne « sont pas tes proscrits ni ton amnistie, mais... — Je com- « prends, je comprends, c'est l'espoir de ça, repartit brusque- « ment Robinet, en frottant de nouveau le pouce avec l'index ». Le spectre rebutant reparut devant l'esprit de Promettout qui s'efforça de le remplacer par la dame gracieuse.

Robinet l'y fit réussir en lui serrant la main avec effusion et en transportant le débat sur un sujet plus sérieux. « Il faut avouer », dit-il, « que nous exerçons un drôle de métier. Si nous devions « changer de chemise aussi souvent que d'opinion, je défie tous « les tisserands du pays de pouvoir entretenir notre garde-robe. « La chance, relativement aux convictions, c'est que des fan- « tômes suffisent : tout le travail consiste à sauter prestement « d'un fantôme à l'autre, et c'est à quoi nous avons été formés « dans notre parti. Arriver, voilà notre but ; dire : oui et non, « blanc et noir, voilà le moyen ».

Promettout. « Il faut avouer aussi qu'un adversaire ne nous « baffouerait pas autrement. On dirait, à t'en croire, que nous « ne sommes pas des hommes.

Robinet. « C'est bien cela, et c'est ce qui nous rend forts. Car « le nombre des fous est infini, et c'est ainsi que nous arrivons « à être nommés représentants du peuple. Un homme de bon « sens n'est plus de son siècle, il n'arrive à rien ; jamais des « fous, et ils constituent la majorité, ne donneront leurs voix « à un homme de raison. Un homme véritable, ce n'est pas « leur homme. Mon ami, nous n'aimons pas que d'autres nous « disent la vérité ; mais il fait bon se la dire soi-même, quand « tout le monde vous encense ; on en éprouve même le besoin, « et ce besoin est le seul bon côté qui nous reste. La preuve « que nous n'avons pas une ligne de programme, ni un grain « de bonne foi, c'est qu'à Paxamare nous avons chanté la paix; « à Bellophyle, la guerre ; à Péperce nous avons couvert l'am- « nistie de baisers, et demain il faudra la maudire ».

Promettout. « C'est à n'y plus rien comprendre. Ce matin

« même tu portais aux nues le système républicain ; ce soir tu
« le traînes dans la boue par le mépris que tu affectes pour ses
« partisans ».

Robinet. « C'est ce qui prouve une fois de plus que nous ne
« sommes pas des hommes et que, même entre nous, les contra-
« dictions ne nous coûtent rien. Encore une fois, cela ne fait
« qu'assurer ton élection, puisque aujourd'hui ce n'est plus ni
« le talent, ni le caractère qui élèvent quelqu'un au pinacle,
« mais bien le grand nombre de ceux qui n'ont ni l'un ni
« l'autre ».

La nuit venait d'étendre sur la terre l'un de ses voiles les
plus sombres, tellement que Robinet ne put s'empêcher de
songer aux temps pleins d'angoisses qui saluent chacune de nos
installations républicaines. L'intrépide jument versa ses deux
gloires sur le pavé de l'*Hôtel du suffrage*. L'on profita, pour s'y
installer, des ombres de la nuit, voulant garder l'incognito.
Promettout, prévoyant qu'il aurait à payer tous les frais,
s'arma de prudence. Le menu du jour donné au Vatel fut des plus
modestes : le candidat insista surtout pour le vin léger du pays.
Robinet, qui s'aperçut de la trame, avisa secrètement le garçon,
et une bouteille de vieux Bordeaux remplaça la *piquette* du
cru. — « Mais c'est dix francs, au lieu de dix sous », avait
d'abord objecté le garçon. — Un solennel *ne crains rien* le fit
courir vers la caisse adorée. Promettout n'avait plus affaire
à Groutougne ; ici le conducteur commande. Il trouva
le vin bon, trop bon, plus corsé qu'il n'eût voulu et un
tremblement mystérieux commençait à agiter désagréable-
ment son porte-monnaie. Néanmoins, ce ne fut qu'après
la note machinalement acquittée qu'il tomba dans une mé-
lancolie sombre. Il avait compris le jeu et n'osait protester.
L'on se promena un moment dans la chambre. Le silence était
complet, lorsqu'enfin Robinet, mettant la main sur l'épaule de
son ami, finit par lui dire : « Allons, il faut moi pour te faire
« obtenir toujours plus que tu n'espères. Tu ne comptais que
« sur quelques votes, et voilà que tout le monde se livre. Tu ne
« comptais trouver ici que du vin froid du pays, et voilà qu'on
« nous a servi une bouteille délicieuse. Elle peut avoir coûté
« quelque chose de plus, mais ta candidature qui est assurée te

« fera rentrer dans tes fonds et au delà. Et puis le peuple, qui
« nous connaîtra bientôt , pourra vanter notre désintéres-
« sement ». Promettout , devant ce souvenir de nouveau
évoqué, de la dame gracieuse, revint à la joie, bien qu'avec une
gradation systématique.

Il est temps d'avertir que le bourg favorisé de cette descente
nocturne, était Rédénulle, nouveau centre fiévreux d'agitation
électorale. A Péperce, le cri qui s'échappe de toutes les âmes,
depuis 1871, c'est celui de pardon, et l'écho de Rédénulle lui
répond : « Point de pardon pour des monstres ». La raison de
ce choc de sentiments dans deux localités si proches, c'est qu'à
Péperce les victimes de l'exil firent partie de l'armée de Paris,
tandis qu'à Rédénulle, les victimes de la mort tombèrent dans
les rangs de l'armée de Versailles. Si donc à Péperce il avait
fallu asseoir la candidature sur une promesse d'amnistie aux in-
surgés de la capitale, il fallait au contraire ici se porter contre
eux garant d'une justice inexorable. Le jeu était plein de péril
à cause de la proximité des bourgs. Robinet entré sans appareil
à Rédénulle laissait ainsi au passif de la ville une dette de con-
venance. Cette situation lui faisait espérer que le débiteur se
montrerait en échange prodigue de ses votes, lors même qu'il
se maintiendrait, lui, dans un nuage insaisissable au sujet de
l'amnistie. Mais au moment de la séance un coup d'œil jeté sur
cette multitude anxieuse et peu occupée de sa dette de conve-
nance fit voir à Robinet qu'il fallait parler clair.

Nous détachons de son apologie le passage le plus saillant.

« Citoyens,

«..... Le cachet principal du système républicain, c'est une
« justice à outrance. Avec lui nous n'avons plus le scandale
« d'une Haute-Cour partiale et de grands criminels absous.
« Vous savez peut-être qu'au moment même de l'invasion,
« alors que notre sol frémissait sous le sabot de l'étranger, des
« monstres travaillèrent à Paris à noyer dans le sang la répu-
« blique naissante : elle a fait justice de ces parricides avec une
« fermeté majestueuse. Mais des monstres plus hideux que
« ceux-là parlent de briser leurs fers, et d'autres plus hideux
« encore en font les partisans du programme républicain.

« Je le jure sur ma tête, nobles citoyens, nous n'accepterons
« jamais de rançon pour les incendiaires de nos monuments et
« les bourreaux de notre armée, et ils acquitteront jusqu'à la
« la dernière obole leur dette d'expiation ». (Un frémissement
sympathique accueille ces mâles paroles. Une voix néanmoins
ose timidement se récrier : « Mais il me semble que c'est tout le
« contraire de Péperce ». (Tout le monde : *A la porte l'insolent!*)

Robinet. « Ma loyauté me fait un devoir d'avouer que je me
« suis entendu accuser d'inconséquence ». (Non, non, c'est un
étranger). « Ce n'est pas au vol d'une harangue que l'interrup-
« teur a pu saisir mon idée. Je veux cependant l'honorer d'une
« réponse qui doit le satisfaire : La République se fera un de-
« voir suprême de soutenir tous les intérêts. Mais il y a çà et là
« des intérêts différents, même en apparence tout opposés.
« Ainsi les intérêts de Péperce ne sont pas ceux de Rédénulle, et
« néanmoins il faut que la République protège tous ses enfants.
« C'est sur l'oubli de cette tendresse sans limite que repose l'il-
« lusion de l'interrupteur. Je ne suis pas étonné qu'un homme
« sorti depuis peu du régime partial et étroit de la monarchie
« ne comprenne pas qu'on puisse protéger à la fois des intérêts
« contraires. Apanage de cette équité souveraine jusqu'ici re-
« léguée dans le ciel, la République nous jure d'introduire pour
« jamais sur la terre l'accord des intérêts les plus opposés, et
« je dirai même l'accord du oui et du non. Il me semble du
« moins juste de la voir à l'œuvre avant de la juger.

« Pour vous, mes chers concitoyens, je vous prie de regarder
« comme assise sur le serment la promesse que je vous ai
« faite en termes si limpides. Puisse-t-il vous sourire ce serment
« d'être inexorable contre les bourreaux de notre vaillante
« armée ! »

C'en était trop déjà et l'incident redouté ne fit qu'aguerrir et
multiplier les adhésions. Tous les poings se crispèrent dans la
direction de Paris, tombeau de nos soldats, lorsque le livre de
Promettout dévoila aux regards cette magnanime sentence :

**Le glaive de la justice n'a point de fourreau : toujours
il doit frapper.**

L'on finit bien par découvrir la disparité d'allure si audacieuse de Robinet, mais cette découverte n'eut point de conséquence. A Péperce l'on crut qu'il s'était moqué des citoyens de Rédénulle ; et à Rédénulle, qu'il s'était moqué des citoyens de Péperce ; même chacune des deux localités n'en mit que plus d'acharnement à disputer Promettout à sa rivale, pour en faire son homme exclusif.

Le quatrième télégramme partit pour Bricabrac plus expressif que les précédents.

« Rédénulle, 14 février.

« AU COMITÉ PERMANENT DE BRICABRAC.

« Et de quatre. Signé : ROBINET.
« *P. S.* Inouï ! Encore sûr de trois ».

VI.

Notre homme se sentait à bout de force, une sueur inquiétante commençait à se mêler à son flux de paroles. Il eût bien pris du repos ! Mais l'ombre du comité permanent s'agitait dans ses rêves et lui jetait sans cesse ce cri terrible : « En avant, maçon, « pour la gloire du Temple ; au Tartare tu sècheras tes sueurs ; « pour le moment si tu n'as pas des chemises de rechange, en- « veloppe-toi tour à tour dans tes convictions sans nombre ».

Mû par le spectre autant que par Rossinante, Robinet débarquait le même jour à Cuparterre. S'il te prend envie, lecteur, de faire une visite à la mosquée et aux pontifes du sans-souci, je t'indique Cuparterre. Hormis le vivre et le couvert, rien ne les touche. Ernest Sérieux, le candidat de la République conservatrice, y avait déjà promené ses bulletins avec une dissertation pathétique et sincère en faveur de la religion et de l'ordre. Il produisit de l'effet à peu près comme s'il avait parlé à un pommier. Pour exciter de l'enthousiasme, il eût fallu promettre un bœuf à chaque électeur : un tas de viande, voilà la religion et l'ordre pour les géants de Cuparterre. Ernest ne se sentait pas la force de tenir une telle promesse et encore moins

de la faire sans vouloir la tenir. Pourtant ses bulletins furent
acceptés. S'il n'était rien arrivé depuis, il est à croire qu'au
jour du scrutin, la plupart des électeurs seraient restés chez eux,
tandis que le petit nombre des votants aurait mis le nom du
brave Ernest dans l'urne, pour le seul motif d'y mettre quelque chose. Ce fut le bonheur de Robinet d'arriver après son rival. Pas ne fut besoin de recourir à la promesse toute prête du
bœuf ; il n'éprouva aucune difficulté à remplacer sur chaque fe-
nêtre le bulletin de Sérieux par le sien propre.

Robinet est huissier de profession : l'on vit en lui l'homme
terrible qu'il fallait s'attacher par les suffrages de toute la population pour n'être pas bientôt accablé de billets d'avis.

Robinet n'eut donc que l'embarras de parcourir les maisons
pour recueillir les signatures et imposer le serment du vote,
sous peine de billet d'avis. Cette course remplaça le discours et
la nuit fut passée à Cuparterre. Promettout reçut l'ordre du
jour qui suit :

« C'est demain », lui dit Robinet, « le grand coup de feu. Il
« faudra nous travestir du tout au tout ; car laissant Simorte à
« notre gauche, nous allons pousser jusqu'à Molina, tanière du
« jésuitisme. Tâche, dès ce soir, de prendre le masque d'un
« ermite en prière : je sais bien qu'il t'en coûtera beaucoup. Je
« dois t'avertir aussi que tu as l'air d'un bohémien avec ton
« chapeau fatigué et tes bottes perméables. Cela a pu passer
« jusqu'ici, mais ne passera pas auprès des aristocrates qui
« nous attendent à Molina. Réellement, et je le regrette, à part
« ces lunettes vertes et ce foulard qui viennent de moi, je ne
« vois rien en toi de bien présentable... pas même le person-
« nage », ajouta presque timidement et à voix basse le cruel
huissier. Promettout songea tout de suite à l'indemnité, et la
plaie se referma.

C'était une tactique habile que le projet conçu par Robinet
de ne visiter Simorte qu'après Molina. Si en effet l'orateur eût
donné les prémices de sa parole à Simorte, parc Voltairien, les
habitants pleins de foi de Molina se seraient informés de la
nuance de son langage chez leurs voisins, et ils auraient accueilli par un refus impitoyable cette visite impie, refus capable de réveiller le bon sens chez les communes environ-

nantes. Au contraire, Robinet, ayant écarté jusqu'à ce jour la question religieuse de son programme, pouvait se présenter avec une certaine hardiesse à Molina. Une pieuse homélie lui obtiendrait des signatures nombreuses ; ainsi les scrupuleux électeurs de Molina se trouveraient pris dans un piége, et le scandale qui devait suivre à Simorte ne leur semblerait pas même à tous une raison de manquer de parole au candidat accepté ; du moins Robinet pourrait se vanter d'avoir harangué les moines de Molina : tel était le plan habile de notre huissier.

Dans ce but, tous les préparatifs furent faits à Cuparterre. Promettout se munit d'un chapeau et de bottes neuves. Une forme de croix bleue fut incrustée dans la plaque jaune de Rossinante. Nos deux pèlerins se procurèrent chacun un scapulaire et un chapelet. La pipe fut aussi remplacée par deux tabatières dont l'une portait l'image de la sainte Vierge et l'autre l'image de Pie IX. Quand on fut proche de Molina, le gilet s'ouvrit pour laisser apercevoir l'habit de la confrérie ; la médaille du chapelet sortait aussi avec grâce de la poche la plus apparente de la tunique. Quelques habitués de la place publique virent avec plaisir les deux étrangers saluer, chapeaux bas, la croix de la mission et se diriger directement vers l'église, où ils passèrent bien cinq minutes. De là une foule augmentée les vit entrer au presbytère. Disons tout de suite que le vigilant pasteur ne fut pas dupe. Une séduction était si peu dans l'espérance des émissaires qu'ils n'en firent pas même l'essai : tout leur dessein, c'était que la paroisse fût édifiée d'une visite faite à son pasteur. Même l'entretien fut trop court pour suffire à l'illusion populaire. Une tenue muette avait été possible dans le temple de Dieu, elle ne l'était pas devant un homme. Il fallut donc se séparer du fin curé et terminer avec la gouvernante le quart d'heure officiel. Celle-ci s'aperçut mieux que lui de la médaille bénite, des pieuses tabatières et de l'habit de confrérie : à dîner, elle entreprit sur les deux visiteurs un panégyrique si chaud que le maître impatienté la renvoya à sa cuisine. Quant à eux, ils allèrent de ce pas, saluant avec effusion la foule, trouver le maire qui les reçut avec courtoisie. Sur sa table se trouvait une lettre à l'adresse de Robinet. Notre huissier la déplie et la parcourt rapidement. « Ce sont », dit-il au maire, « ces fous de Simorte qui me prient de passer chez eux ; « je ne sais que faire, car je doute de pouvoir les ramener à la « raison ». Le bon maire l'encouragea, Robinet mentait ; le contenu de la lettre, c'était que les maçons de Simorte viendraient le prendre, aidés de la musique et des pompiers, aux frontières de Molina. Il répondit aussitôt à ses imprudents amis qu'ils s'abstinssent, pour le bien de la cause commune, de toute démonstration, même à son arrivée : un exprès porta cette réponse scellée. Molina est une paroisse non-seulement pleine de foi, mais encore pleine d'intelligence : deux plénitudes qui se connaissent beaucoup. Elle travaille, prie et prospère. Ses familles rappellent l'âge patriarcal par la piété , l'ordre et le bien-être. A tous les jours de chômage, les champs se reposent, les habits de fête sont étalés et le soleil vient avec joie éclairer un temple rempli de fidèles adorateurs. Le sol bénit de Dieu y est prodigue d'un riche suc, et bien qu'extrêmement peuplé il ne connait d'émigrants que dans le clergé et la magistrature. Un tel peuple n'est pas mûr pour la comédie du suffrage universel.

A l'annonce du sermon en plein air, la plupart de ceux qui connaissaient la vie privée du missionnaire, ne bougèrent pas, les plus curieux voulurent voir avec quel plaisir d'affranchi l'Evangile s'échappe de la bouche d'un maçon. Seuls quelques paysans plus naïfs sentaient le besoin d'être éclairés.

Aussitôt la séance s'ouvre. Les tabatières, l'habit de confrérie et le chapelet ont été remis en relief. Promettout ouvre son livre avec la modestie rayonnante d'un sous-diacre qui dit l'office pour la première fois. Robinet, monté sur le mur de la place, agite d'abord quelques arguments sur l'économie du système républicain ; puis il aborde ainsi la question brûlante de l'ordre religieux.

« Mes chers coréligionnaires,

«..... Il est un préjugé surtout dont on déshonore la répu-
« blique et que je voudrais détruire ; c'est de la croire incré-
« dule. Ce préjugé, je l'avoue, a ses fortes raisons. L'origine
« de la république a été des plus sanglantes, mais telle est l'ori-

« gine de toutes les grandes choses. Tenez, je lisais hier dans
« une pieuse brochure que la naissance du pape faillit coûter
« la vie à sa mère : eh bien ! cette douleur nous a valu le grand
« Pie IX (Robinet s'incline profondément). Ainsi l'aurore de la
« république mit la France à deux pas de sa ruine, mais il
« n'est pas rationnel de redouter toujours les accidents d'une
« naissance qui ne doit plus se renouveler ; nous maudissons
« autant que vous ces monstres de la première heure qui n'en
« voulaient pas moins à l'enfant qu'à la mère et confondaient
« dans une même haine la république et la France. Songez
« plutôt que c'est la république de 1848 qui replaça sur son
« trône le père commun des fidèles. Songez à la prospérité reli-
« gieuse que vous a value la république depuis cinq ans. On lui
« a demandé l'aumônerie militaire, la liberté de l'enseignement,
« une diffusion inouïe d'Ordres religieux : elle a tout accordé
« avec un empressement qui faisait voir qu'on allait au-devant
« de ses vœux les plus chers. Sous ses auspices, la foi étouffée
« par l'empire a repris chez nous son règne béni. Ces monu-
« ments restaurés, ces pèlerinages sans nombre auxquels nul
« n'osait auparavant songer et que l'Etat protège, loin de les
« dissoudre, ces prières votées pour la reprise de chaque ses-
« sion législative, ce *Domine salvam fac*... qui chaque dimanche
« monte vers le ciel comme un cri suppliant : tout cela ne té-
« moigne-t-il pas de l'union intime de la république avec la reli-
« gion ? Vous vous rappelez encore les tracasseries de l'empire,
« toutes les fois qu'on lui demandait un pieux secours ou le
« *placet,* au sujet d'une congrégation enseignante. Eh bien ! en
« dehors de la république, c'est l'empire tracassier et bourreau
« du pape qui nous menace de nouveau. Nous avons visité votre
« église, votre cure : nous y avons reconnu l'urgence de répa-
« rations réclamées par la dignité de leurs hôtes. Vous voulez
« des Frères de la doctrine chrétienne : la république jure de
« vous accorder tout cela si vous nommez son champion.... »

Mais à l'instant même où Robinet se tournait vers le futur
député pour le désigner à la foule, voilà un chien qui, désireux
sans doute de mieux faire connaître à fond le candidat, lui saute
aux mollets. Promettout mordu lance un juron tel que le

diable a dû lui-même reculer d'épouvante. Aussitôt un sourd murmure circule dans l'auditoire, le murmure grandit, une voix ose crier : « Point de blasphémateur ici », et tous de redire : « Non, non, point de blasphémateur ». Robinet , pâle d'effroi, contemplait Promettout et l'eût mis en quatre, s'il n'avait craint de trahir son propre emportement et d'achever l'échec. Il voulut continuer l'homélie ; les protestations couvrirent sa voix, et les rangs s'éclaircissaient. « Mais ne vous effrayez pas », s'écria-t-il ; « tout homme est pécheur ». — « Oui, mais pas à ce point-là », lui répondit un paysan, avant de tourner le talon. Robinet avait résolu d'abord de ne pas exposer le livre aux regards investigateurs de cette population clairvoyante. Pourtant en pleine déroute, il essaya ce dernier coup de dé. « Voyez donc », dit-il, le livre favori de ce blasphémateur d'un instant ». Les plus proches purent lire au sommet de la page le titre suivant :

Introduction à la vie dévote.

Ma chère Philothée : Aimez bien le bon Dieu ; c'est votre « époux ». — « Si le bon Dieu a épousé un jureur comme ça », s'écria un malin, « voilà mais un mauvais ménage de plus. Quant à « nous, qui sommes à temps de refuser l'alliance, nous la refusons « net ». Et le reste des curieux s'écarta du *missionnaire* comme d'un charlatan reconnu et honni. Robinet vit qu'il fallait plier bagage : aussi bien son cerveau brûlait et il allait perdre toute chance en s'échappant en invectives impies contre ces dévots. Il préféra prendre une attitude de victime noble et loyale. « Je « comprends », conclut-il, « votre émotion religieuse et je « la partage. J'espère néanmoins que cet incident tout personnel ne vous fera pas oublier mes franches observations et « n'aura pas d'influence sur vos votes ». Après un digne salut qui fut dignement rendu, nos deux infortunés prirent leur congé. En repassant devant la croix de la mission, Robinet essaya encore de poser son chapeau. Promettout garda le sien sur sa tête pour ne point laisser apercevoir ses oreilles : en revanche il fit un signe de croix de la main gauche et le *Fils* se perdit dans le vide. « Pas habitué, pas habitué », s'écrièrent les malins paysans : « pourtant c'est le signe de l'époux, chère « Philothée ».

Une fois à l'abri de toute surveillance, Robinet et Promettout tournèrent contre Molina des yeux pleins de rage. Les chapelets et les scapulaires furent liés en un faisceau que l'on précipita dans le premier gave rencontré : à tout prendre, ces objets se trouvèrent plus à l'aise au fond du torrent que sur les corps des maçons.

Lorsque les curieux de Molina racontèrent à leurs concitoyens restés chez eux l'histoire du chien, elle fut accueillie avec une joie bruyante qui aboutit à ce reproche : « Pour nous, la con-« duite c'est tout ; nous savons comment vit M. Sérieux et nous « n'avons pas besoin qu'il parle ; nous savons comment vivent « les deux d'aujourd'hui et leurs plus belles paroles ne nous ont « pas fait sortir de la maison. A vous, il a fallu un chien pour « vous éclairer ». Puis les terribles censeurs se mirent à la recherche de Bibi et se cotisèrent pour lui acheter un collier sur lequel on vit bientôt briller l'inscription suivante :

Au chien scrutateur la commune de Molina reconnaissante.

Le premier soin de Robinet arrivé à Simorte fut de transmettre au comité permanent cette triste nouvelle.

« Simorte, le 13 février.

« AU COMITÉ PERMANENT DE BRICABRAC

« Viens de Molina tout trempé d'eau bénite ; excuse, pas sincères. Avec ça cause perdue. Ces dévots ! Mais pas besoin d'eux.
« Signé : ROBINET ».

VII.

Si quelqu'un a bondi de triomphe, lorsqu'un ministre des cultes osa voir dans le singe l'aïeul probable de l'espèce humaine, ce sont bien les habitants de Simorte. Depuis si longtemps ils cherchaient leur souche commune ! Ils avaient déjà de forts soupçons. Point de religion, très-peu d'esprit : avec cela, se disaient-ils, c'est impossible que notre ancêtre soit le même que celui des Molinistes. Ils étaient donc convaincus que leur grand-père était un animal : le ministre n'eut qu'à leur apprendre que cet animal était un singe ; un certain nombre penchaient plutôt pour le bouc. Je plains le pauvre berger d'un tel troupeau ! Il lui manque, tous les ans, quatre à cinq registres de baptême. Ce n'est qu'avec frayeur qu'il admet à la première communion une jeunesse ignorante et corrompue qui lui échappe aussitôt et qu'il ne reverra que plus tard sur un lit d'agonie usée et impénitente. Autant le prêtre gémit jour et nuit d'un tel entourage que son zèle de feu est incapable d'attendrir, autant Robinet avait hâte de se trouver mêlé à de dignes confrères : il pourrait se livrer à son aise à toute la débauche de ses idées. La nuit se passa en orgies dans une salle contiguë au presbytère. Comme un conseiller faisait ressortir en termes timides cette inconvenance, « allons donc », lui riposta Robinet, « qu'est-ce que la liberté républicaine, s'il « n'est pas permis de crier et de faire ce que l'on veut et où l'on « veut ? Les convenances ne sont qu'un esclavage que la répu- « blique ignore comme tout esclavage ». Tout ce qui, en effet, s'est dit et passé jusqu'au matin n'est pas de ce qu'on peut confier au papier. Même nous laisserons dans l'ombre une bonne partie de la Catilinaire dévergondée de Robinet. Elle se divise en deux points, l'un stupide et l'autre immoral. Pour avoir l'occasion d'en relater quelque chose, nous choisissons le point stupide comme moins dangereux.

Il était neuf heures quand la foule se massa en face du petit balcon au haut duquel Robinet apparut bientôt mouché de frais, peigné et la bouche entr'ouverte. Promettout se plaça grave à ses côtés.

« Mes bien chers amis,
« . . . . Mais le grand triomphe que nous devons à la « République, c'est celui de la libre-pensée, je veux dire la « délivrance de ces diverses chaînes qu'une infâme superstition « imposait à nos esprits. N'est-ce pas une honte pour le monde « qu'il soit resté six mille ans cloué sous le joug sacerdotal ?

« Qui de vous n'a subi un de ces songes affreux dans lesquels,
« quoi que vous fassiez, quoi que vous disiez, quoi même que
« vous pensiez, un vampire horrible est là devant vous vous
« harcelant sans cesse, vous suçant, vous perçant de son
« glaive ? Eh bien ! ce songe affreux n'est que l'ombre d'une
« poignante réalité. Oui, il est au milieu de vous un homme
« (Robinet désigne la cure) qui s'efforce de mêler à vos plaisirs
« les plus doux l'acide fantastique du remords, qui vous parle à
« toute occasion d'un décalogue draconien, d'un gendarme in-
« visible et omniscient, d'un Tartare enflammé et éternel, un
« homme qui prétend pénétrer dans chacune de vos actions,
« dans chacune de vos paroles, dans chacune de vos pensées
« les plus intimes. (Une voix : Chez nous, il ne peut pas beau-
« coup pénétrer.) C'est bien, vous êtes la gloire de la Répu-
« blique. Mais n'oublions pas que cet homme n'est qu'un
« membre d'une armée encore forte et partout répandue. Le
« jour où cette phalange sera brisée, l'âge d'or aura pris la
« place de l'âge de fer ; car je me demande quel peut être le
« bonheur d'une vie écoulée au milieu de ces sombres pro-
« phètes qui ne cessent de vous répéter : « Vous n'êtes que de
« passage, songez à votre âme, songez à l'éternité ». L'âme,
« l'éternité, Dieu, tout cela c'est une légende que la sérieuse
« République renie ! (Une voix : Le moyen de les chasser.) Des
« naïfs prétendent qu'au nom de la liberté ces séditieux ont
« droit de cité. Mais est-ce que par hasard la liberté peut être
« un droit pour ceux qui étouffent la liberté ? Peut-il y avoir
« de droit de cité pour ceux qui troublent la cité ? Contradic-
« tion flagrante. Non, la liberté ne peut vivre en même temps
« que ses bourreaux, ni la cité devenir paisible, avant d'avoir
« chassé les perturbateurs ! La turbulente réaction est déjà à
« la porte. (Une voix : La rachon, est-ce la femme à Claude ;
« un autre : Bécile, c'est ceusse qui sont sages ou bien qui ont
« de quoi.) Il ne reste plus dans l'enceinte que le thuriféraire
« de la réaction, le prêtre, celui dont nous payons la triste
« mission de fatiguer toute notre existence par l'explosion in-
« cessante de dogmes absurdes, d'une morale impossible et de
« craintes chimériques. Nous lui signerons son *exeat*. (Une voix :
« Mais il y en a quelqu'uns qui veulent encore s'en servir avant

« de tourner l'œil : c'est une habitude qu'on peut pas s'en dé-
« faire) ».

Robinet. « J'allais prévenir cette objection et la satisfaire. La
« République déteste la tyrannie ; elle fera tout ce que vou-
« dront ses enfants. Il y aura donc dans chaque département
« un ministre du culte, comme il y aura un préfet civil, tous
« les deux payés par le fisc. Même la République pourra per-
« mettre à chaque commune, sur demande unanime, d'avoir
« un ministre chez elle, pourvu qu'elle le nourrisse, pourvu
« encore, et ceci est dicté par l'intérêt que nous portons à votre
« paisible bonheur, pourvu que l'église soit à jamais fermée et
« que ce ministre ne sorte jamais de chez lui, de crainte de
« vous effrayer et qu'il ne franchisse le seuil de votre demeure
« qu'à votre agonie et sur pétition écrite de votre main (Plu-
« sieurs voix : Bravo, bravo, c'est cela, rien qu'à la mort.)

« Vous l'avez compris, mes bons amis. La république veut
« concilier deux choses, afin de n'opprimer personne, à savoir,
« la liberté pour chacun d'emporter dans la tombe une conso-
« lation religieuse, si cela lui plaît, avec le silence imposé, tant
« que nous sommes en santé, à ce cornet de sacristie qui ne
« nous laisse pas un moment de repos. Grâce à l'exécution de
« ce large programme, la vie sera redevenue un banquet
« joyeux, la mort un doux sommeil par où passe l'âme pour en-
« trer en possession du champ libre de l'espace, et le Tartare,
« un fantôme puéril ».

A ce dernier mot, Robinet feint de s'arracher aux bruyantes
félicitations du parterre et il rentre dans la salle pour en jouir
à l'aise. Promettout resta une minute cloué à sa place, distri-
buant à droite et à gauche avec la tête des signes silencieux
d'admiration et flairant au vol les nuages d'encens qui se diri-
geaient vers l'huissier.

Le discours de Robinet avait été un coup de feu tiré sur des
ennemis de carton, il n'avait parlé que pour le plaisir. Car les
habitants de Simorte sont de ceux qui se livrent au premier
venu, à la seule condition qu'il soit mauvais : le programme
n'est qu'une formalité. Même, forçant la nature servile de leur
grand-père, ils se fussent tous attelés, à la place de Rossinante,

au char de l'orateur, s'il ne leur eût fait comprendre en termes délicats qu'une trop bruyante manifestation de leur part lui ferait perdre les votes irréfléchis de beaucoup d'honnêtes gens : plus que cela, il leur fit jurer de ne rien révéler au dehors de son discours. Ils durent donc laisser partir Robinet en silence et se contenter d'envier le sort de sa jument.

Robinet eut honte de faire part au comité de ce triomphe trop facile. Il ne se soucia pas même d'empocher la moindre signature et partit pour Villasine avec son fantoche de candidat. Un pareil bastion à escalader et le dernier ! C'était un jeu d'enfant. La population de Villasine n'est pas du tout mauvaise ; elle est simple, trop simple, malheureusement plus simple que religieuse. Elle n'a pas un membre qui comprenne le français. Ernest Sérieux y avait fait son passage déjà et, s'exprimant en patois, il n'avait pas eu de peine à faire accepter sa candidature ; même c'est avec une respectueuse et sincère gratitude que ses bulletins avaient été reçus. Le grand malheur pour le loyal Ernest, c'est que bon nombre de ces braves gens ne savent pas lire : cette circonstance devait assurer le succès du moins loyal Robinet.

Rossinante reprit son vol avec une rapidité qui dénotait chez elle le sentiment d'une épreuve bientôt finie.

« Cette dernière commune que nous allons visiter », dit Robinet à Promettout, « est d'une ignorance phénoménale : s'il « est une population que tu puisses légitimement représenter, « c'est bien celle-là ». Promettout, piqué au vif, se tut et se rafraîchit dans le rêve de l'indemnité. « Le succès inouï que je « te procure », reprit Robinet, « me donne bien le droit de rire « un peu. Je vais te présenter ici sous ton point de vue le plus « naturel : tes oreilles apparaîtront telles quelles ; le besoin « de la cause le demande. Tu n'auras pas besoin de te contre- « faire ; nous serons plus à l'aise ». Promettout, percé de dards, serra le rêve de l'indemnité.

Enfin l'on arrive. Robinet se présente devant le maire de l'endroit avec le ton autoritaire d'un agent officiel. Bien qu'il connût le patois, il lui parla en français transcendant, afin de le mettre dans une humble situation et d'en tirer parti. Le bon maire en effet devint pâle et resta muet. Alors, d'après un plan convenu, Promettout s'offrit comme interprète. Le fond du pourparler, c'était que Robinet présentait à Villasine le candidat reconnu partout et agréé par le gouvernement. A ce mot magique de gouvernement, le mandarin du village tremble et n'ose pas avouer les avances faites à Ernest Sérieux. Il parla d'aller convoquer le conseil ; son véritable but était de communiquer à toutes les familles l'ordre de déchirer les bulletins d'Ernest. Le fin huissier devina le projet du maire et ce fut avec empressement qu'il lui accorda pleine liberté de remplir son devoir. Quand il rentra en compagnie de quelques conseillers éperdus, Robinet lui fit comprendre qu'il désirait, au nom de l'Etat, faire au peuple quelques saines observations, pour fixer et éclairer ses votes. Le maire se prêta au projet avec une révérence si prononcée qu'elle lui donna la forme d'un équerre. On parqua donc au pré commun tout ce qu'on put trouver de disponible, et Robinet s'exprima ainsi :

« Mes bons villageois,
« Depuis trop longtemps, n'est-ce pas vrai, on vous fait en-
« voyer à Versailles des hommes qui ne connaissent pas le bout
« de l'oreille de vos intérêts et de votre langue, des savants,
« des médecins, des procureurs, des avocats. Si au moins tous les
« avocats partaient ! Mais il en reste encore assez au pays pour
« vous faire manger en procès ce que les autres ne vous feront
« pas manger en impôts. A quoi peuvent vous servir tous ces
« bavards ? Moi-même, je l'avoue en toute franchise, je ne suis
« pas votre homme, non que j'exerce le métier de médecin, de
« procureur, d'avocat, mais j'appartiens à la dernière caté-
« gorie. Aussi ce n'est pas pour moi que je vous parle. Que
« vous faut-il, mes bons villageois ? Il vous faut quelqu'un qui
« vous ressemble et qui n'ait point à rougir de vous, un enfant
« adoptif, un rural enfin. Voilà pourquoi, de concert avec le
« noble Mac-Mahon (Robinet s'incline), nous avons décidé de
« vous présenter le bon Promettout qui est à mes côtés : il est
« le chevalier du patois, il est vôtre. Vous êtes des gens
« simples et lui aussi ; vous ne connaissez point de français et
« lui n'en connaît que le nécessaire pour se faire comprendre à
« Mac-Mahon ; vous n'avez jamais mis dans les livres un nez

« curieux et profond, et lui non plus ; vous méprisez enfin cette
« science dont, pour ma honte, je ne puis me défaire, moi, et
« lui aussi la méprise... » (Promettout devait continuer le rôle
d'interprète entre l'orateur et le peuple. Il avait, dès le prin-
cipe de cette harangue qu'il prévoyait offensante pour lui,
rappelé à la hâte le rêve échappé des deux mille écus ; mais
cette fois la dame gracieuse ne parvint pas à protéger son ami
contre une pluie trop prolongée de sarcasmes. Le cœur
de Promettout bouillonne, il va éclater. L'huissier, qui s'en
aperçoit aux regards de feu de la victime, se hâte de corriger
son jet.)

« Mais si je vous présente », continua-t-il, « un homme
« comme vous ennemi de la science, j'entends cette science
« spéculative et stérile trop vantée aujourd'hui, non pas cette
« science pratique, féconde, qui fera de M. Promettout l'un
« des membres les plus solides et les plus intéressants de la
« nouvelle Chambre. Oui, il connaît à fond l'art maître de l'a-
« griculture avec ses deux corollaires, le commerce et la
« spéculation. N'est-ce pas là ce qu'il nous faut et tout ce qu'il
« nous faut ? Ah ! quel bonheur (Robinet joint les mains et les
« jette vers le ciel en compagnie d'une tête agitée), quel
« bonheur pour tout le pays d'avoir bientôt près du foyer gou-
« vernemental un homme assez puissant pour obtenir que
« chaque année, quoi qu'il arrive, nos prés et nos champs nous
« rendent le centuple de ce que nous leur aurons confié ! Ce
« bonheur , bons villageois, est rattaché à vos votes. Sous
« l'œil de Mac-Mahon, notre auguste chef, n'hésitons point, et
« je vous jure que l'élu du 20 février réserve à votre fortune
« les surprises les plus merveilleuses ».

Ce ton, sans être parfait, brassé avec le rêve de l'indemnité,
parut acceptable à Promettout qui avertit aussitôt la foule,
déjà impatiente, que l'interprétation ne tarderait pas. Au
moment voulu, il s'avança au milieu de son peuple et fit
rouler uniquement l'interprétation sur cette deuxième partie
du discours, qu'il éprouvait en effet une passion violente pour
la charrue, la luzerne, le jardinage et les veaux, qu'il ferait
faire à ces diverses branches de la richesse rurale des progrès

inouïs, que même il nourrissait l'espoir d'abolir bientôt la condition jusqu'ici indispensable des semailles. Cet excès de promesses jeta d'abord la foule dans une hésitation qui cessa,
lorsqu'elle vit le profond problème imprimé dans sa langue à la
sixième page du livre de Promettout :

**Y ar-t-y pas moyen det recolta de roguets et de tiffairè
sin n'in senna ?**

Villasine voulut prendre sa part glorieuse à la solution d'un
problème si pratique, en acclamant Promettout. Les bulletins
du candidat s'enfouirent par nuées dans les poches des électeurs. Malgré ces mesures de prudence, Robinet redoutait
encore une surprise. La plupart de ces bons paysans ne savent
pas lire ; ils ont honte de s'informer auprès de ceux qui sont
lettrés ; peut-être n'ont-ils pas exécuté l'ordre du maire de
déchirer les feuilles d'Ernest Sérieux et vont-ils les confondre
bêtement avec les feuilles de Promettout, de façon, le jour
du scrutin, à voter pour Ernest avec autant de chance que
pour Promettout ; et puis Sérieux, informé de ces manœuvres,
ne manquera pas de se remettre en campagne : telles étaient
les craintes raisonnées de Robinet. Pour obvier au danger,
Robinet prêt à repartir déploya aux yeux du maire pour une
dernière fois le mirage d'une candidature officielle : Ce mirage
fut à lui seul une citadelle. Sérieux revint en effet, mais le
magistrat averti et tremblant se tint fier de le prendre pour un
imposteur, un ennemi de l'Etat et de lui refuser toute sym-
pathie. De plus, l'huissier imagina pour le jour du vote la tactique suivante : L'agent de Promettout se tiendra dès l'aurore à la
porte de la mairie de façon que, cette place importante étant
prise, l'agent rival se voie contraint de s'établir ailleurs dans
des conditions désastreuses ; ainsi partagé l'homme de Promettout devra se montrer plein de prévenance envers ces bons
électeurs ; s'imposer avec délicatesse à chacun de ceux qui
arrivent ; lui offrir un bulletin et, s'il en a un déjà, l'inspecter
sans air de prétention en lui passant un bras ami autour du
cou ; le lui rendre avec un sourire, s'il porte Promettout ;
sinon, le remplacer habilement. Telle fut la tactique combinée ;

disons qu'elle a réussi pleinement à Villasine. Même les électeurs de quelque bon sens, partis de chez eux avec le nom de
Sérieux et la volonté de voter pour lui, se sentirent pris de faiblesse en face de la sentinelle effrontée, ils feignirent de s'être
trompés, furent heureux d'en être quittes pour la peur et nom-
mèrent Promettout : il n'y eut que quatre pièces de résistance,
et encore elles n'ont pas osé se faire connaître. Cette noble ruse
de guerre s'exerça un peu partout, et cela avec un succès qui
ne fait pas honneur à la grande voix du peuple et finira par in-
fliger une fluxion de poitrine au suffrage universel. Une cause
de faiblesse du parti de l'ordre, c'est sa loyauté chevaleresque :
il ne peut se résigner à croire que le peuple n'est qu'un vil
troupeau que l'on chasse entre deux murs vers un même nom
comme vers un même pâturage. Le parti anarchique, lui, en
est convaincu ; comme il est convaincu aussi qu'il n'y a pas de
moyen honteux, son triomphe s'explique facilement.

VII

Bref, Robinet revint rendre compte au comité des phases de
la campagne ; elle avait été à la fois rapide, glorieuse, et facile.
Un verre d'honneur fut offert à l'illustre général et la nuit se
passa à boire et à rire de la simplicité de sire Gribouille. Il ne
restait plus qu'à rédiger une circulaire commune. La besogne
était facile au milieu des fumées de Bacchus : précisément il
fallait du nuageux pour résumer tant de promesses contraires
et satisfaire un tel nombre de lecteurs. L'on fut d'avis de ne
pas trop accentuer le programme pour plaire à des partisans
dont l'appui était sûr et de n'avoir en vue, dans cette circulaire
modérée, que la foule des naïfs. Après des épreuves diverses, le monstre que voici fut mis au monde :

« Electeurs,
« Vous êtes convoqués, pour le 20 de ce mois, dans vos co-
« mices électoraux. D'abord que personne ne s'abstienne. C'est
« un droit et un devoir pour tous les membres du peuple sou-

« verain de prendre part au choix de ses mandataires, aujour-
« d'hui surtout que la circonstance est plus solennelle que
« jamais. Il s'agit, en effet, par des votes réfléchis, de donner
« de loyaux défenseurs à cette forme de gouvernement qui nous
« prodigue depuis cinq ans, après les désastres inouïs de l'em-
« pire, la prospérité et l'ordre. Toute dynastie eût sombré dans
« l'essai jugé impossible de notre relèvement, et la république,
« au milieu de tant d'attaques, en est sortie victorieuse. Si telle
« a été sa puissance, alors qu'elle était gênée dans sa marche
« par une Assemblée en partie hostile, quels ne seront pas ses
« prodigieux faits, quand vous l'aurez entourée d'une garde
« entièrement fidèle ! La paix au dedans et la gloire au dehors,
« une impulsion énergique donnée à l'agriculture, au com-
« merce, à l'industrie, une justice sans rigueur et une clémence
« sans faiblesse : tel est son programme. Électeurs, aux urnes.
« Qu'elle tombe, en face d'une expérience plus éblouissante
« que le soleil, toute prévention désormais injuste contre cette
« reine calomniée, la république ! Vous pouvez, si vous le voulez,
« fermer l'ère des révolutions et inaugurer l'âge d'or. Or, deux
« candidats se présentent à vos suffrages. L'un, dont nous hono-
« rons la franchise, ne vous promet que de tolérer la républi-
« que. L'autre, au contraire, l'aime, la vénère et lui a voué sa
« vie tout entière. Voilà le seul vrai conservateur, puisqu'il
« jure de conserver et même de consolider la forme de gouver-
« nement actuel, voilà le seul que vous ayez partout déjà
« honoré de vos acclamations. Vous ne faillirez pas à ces solen-
« nelles promesses et tous vous voterez pour M. Promettout,
« conservateur franchement républicain. Électeurs, aux urnes
« et tous ! »

A part la population entêtée de Molina, à qui ne suffisait
point un simple silence sur la question religieuse, cette proclamation sonore eut le don de satisfaire tout le monde, les
hommes avancés par ce qu'elle ne disait pas, et les hommes
d'ordre, par ce qu'elle disait. Les électeurs de Paxamare bai-
sèrent le mot « de paix à l'intérieur »; ceux de Bellophyle, le
mot « de gloire au dehors »; ceux de Pépercé, le mot de
« clémence », que ne gâtait pas celui de « justice sans rigueur »;

et ceux de Rédénulle, le mot de « justice », que ne gâtait pas celui de « clémence sans faiblesse ».

A Cuparterre et Villasine, des commis expliquèrent en patois « l'impulsion énergique » qu'on allait donner à l'agriculture, etc. Les électeurs de Simorte furent secrètement avertis que le vrai programme était celui prononcé dans leurs murs. Partout, hormis à Molina, la plupart des catholiques furent édifiés de ne pas trouver de guillotine dans le programme : cette absence calculée de menaces fut avalée comme une promesse de protection et les gagna en nombre...

ÉPILOGUE

Grâce à cette apostasie, Promettout, au jour du combat, put réunir les deux tiers des voix.

Le lendemain, un journal du département, le *Démocrate*, s'écriait ivre d'enthousiasme :

« Vive la République et gloire au suffrage universel ! Malgré « les tracasseries d'une administration réactionnaire, la France, « depuis cinq ans, pleine d'une conviction vigoureuse, vient de « la faire éclater avec un cri si unanime que le monde entier « a été frappé de stupeur. Les échos des Pyrénées, des Alpes « et des Cévennes ont retenti de cette voix immense : « Je « veux, je veux la république ». L'œuvre du 20 février s'est « opérée dans des conditions exceptionnelles. Bien que la « France fût en République, les hommes du pouvoir offraient « traîtreusement au peuple des candidats rien moins que répu- « blicains. Il était facile de se laisser prendre au piége. Mais « non ! La France privée de tout Mentor, lancée sans pilote sur « l'Océan plébiscitaire, a pris elle-même le gouvernail en main, « la route a été fixée par l'acclamation spontanée du colossal « équipage, elle vient d'aborder sans tempête au port de la « République légale. Qu'elle soit louée à jamais de cette initia- « tive glorieuse et pacifique ! Le géant s'est levé cette fois sans « fracas d'armes, et voilà que le monde rassuré se jette sur son « sein comme sur le sein d'une mère. Va, France républicaine, « brise ton glaive sanglant et va par le monde, sans autre

« sceptre de domination que le drapeau de l'humanité et du
« progrès ! »

Ce lyrisme n'empêchait pas le *Démocrate* de songer au côté
usuel du récent coup de théâtre, car on y lisait, quelques lignes
plus bas :

« Il importe que les nouveaux élus se purifient le cerveau de
« toutes les théories impossibles, habilement exploitées aux-
« quelles ils ont dû leur élection. Ils sont nommés. L'échafau-
« dage au feu ! et vite il faut agir. Nous pensons que le côté le
« plus pratique et le seul important du nouvel ordre de choses,
« c'est que tous les emplois lucratifs soient donnés à des répu-
« blicains sincères. Il est facile de les découvrir. Ce sont ordi-
« nairement des individus qui ont plus d'exaltation que de
« linge : ils offrent cette exaltation à la République ; il est bon
« qu'elle leur offre du linge ; ils en trouveront dans les préfec-
« tures ».

L'ironique *Aspic* sapait ainsi ce conseil de son confrère :
« Nous engageons, au contraire, la République, si elle veut
« vivre, à ne pas bouleverser avec des chemises et du pain la
« phalange des gueux. Les gueux, ce sont ses partisans ; si on
« les habille, il n'y aura plus de républicains, et la république
« sombrera de nouveau. Il paraît que le *Démocrate* lui-même
« a perdu sa malle au 4 septembre : il demande qu'on le laisse
« chercher quelque part ».

Le *Démocrate* désireux de ne pas descendre, à son détriment,
dans une polémique personnelle, digéra son amertume sans
répondre.

Ce journal, aujourd'hui si chaud pour la République qu'il
dépenserait en un jour tout l'encens de l'Arabie, n'est pas de
fraîche date : il est né en 1800, et son nom de baptême c'est
l'*Ajaccio*.

Lors du sacre de Napoléon, il voua un hymne au héros :
« Aigle couronné par le pélican, vole et plane sur les mondes ;
« les obstacles, fussent-ils de granit, ne sont pas faits pour
« toi ! »

Quand la Restauration sonna, l'*Ajaccio* devint la *Légitimité* et
s'écriait : « Il est enfin tombé le tyran, après avoir sucé nos
« veines, pillé nos coffres et broyé nos libertés. Un roc solitaire

« porte celui qui a fait de la France une solitude ; le juste ciel
« l'y a cloué pour jamais, et voici venir, l'abondance dans les
« mains et le pardon aux lèvres, le père du peuple ! »

En 1830, Charles X prit le chemin de l'exil et la *Légitimité*
s'intitula le *Parlementaire*.

« La révolution qui vient d'étonner le monde, disait-il, est de
« celles qu'il faut bénir. Une monarchie sans un fort contrôle
« populaire n'est pas de notre temps. Ce n'est pas en vain que
« tant de sang a coulé ! La traduction modérée et légitime des
« principes de 89, c'est une royauté parlementaire. On peut
« dire que la France, après une longue et cruelle recherche,
« vient enfin de trouver la seule chose qu'elle ambitionnait dès
« le milieu du dernier siècle : remplacer un Bourbon par un
« d'Orléans ».

Cette nuance de langage dura jusqu'en 1848. Louis-Philippe
en fuite arrive dans une auberge isolée ; pour ne point se trahir,
il demande un demi-litre et s'absorbe dans la lecture d'une
feuille trouvée sur la table, le *Réveil*. Il put lire à la première
colonne : « Grâce aux événements, le *Parlementaire* paraît dès
« ce jour sous le nom de *Réveil*. Le dernier obstacle au triomphe
« de la révolution vient de disparaître dans la boue avec son
« masque de royauté parlementaire. Nous défendrons jusqu'à
« la mort les droits du peuple ».

La mort n'arriva pas, mais bien le 2 décembre. Le *Réveil*
revint à ses vieilles amours sous le voile nuptial de *Progrès
napoléonien*. Il exaltait ainsi le coup d'Etat sanctionné par le
plébiscite : « La France vient de réparer d'une bien noble manière
« le crime commis, il y a vingt-trois ans, d'abandonner à son
« triste sort le géant des batailles qui l'avait portée avec lui dans
« les régions de la gloire. Oublie et pardonne, ombre magna-
« nime du héros ! Tu n'es plus, mais le souffle de ton génie a
« passé dans un nouveau colosse, et celui qui, fermant l'ère des
« orages, va faire voler la France sur la ligne du progrès, c'est
« un nouveau Napoléon. Il est ton ami, ô peuple, et si tu veux
« la réalisation de tes rêves les plus enchanteurs, sois la base
« la plus ferme du brillant trône qui vient de se relever ».

Le brillant trône alla s'effondrer à Sedan et avec lui s'effon-
dra le *Progrès napoléonien*. Quand il se releva, on lut sur son

front sali : Le *Démocrate*, et il portera ce nouveau signe, jusqu'à ce que le prince impérial arrive, ou bien Henri V, ou bien le duc d'Aumale.

Le rédacteur de cette feuille n'a pas changé depuis son heure première : il est âgé de quatre-vingt-quinze ans et s'appelle F. Caméléon.

C'est un des échos les plus autorisés de cette grande et immuable voix du peuple, et le journal officiel de Sa Majesté Gribouille.

FIN

BAR-LE-DUC. — TYPOGRAPHIE BERTRAND.

www.ingramcontent.com/pod-product-compliance
Lightning Source LLC
Chambersburg PA
CBHW061239030726
47595CB00004B/1607